El enriquecido libro electrónico AV² te ofrece una experiencia bilingüe completa entre el inglés y el español para aprender el vocabulario de los dos idiomas.

This AV² media enhanced book gives you a fully bilingual experience between English and Spanish to learn the vocabulary of both languages.

Visita nuestro sitio www.av2books.com e ingresa el código único del libro.
Go to www.av2books.com, and enter this book's unique code.

CÓDIGO DEL LIBRO
BOOK CODE

E950137

AV² de Weigl te ofrece enriquecidos libros electrónicos que favorecen el aprendizaje activo.
AV² by Weigl brings you media enhanced books that support active learning.

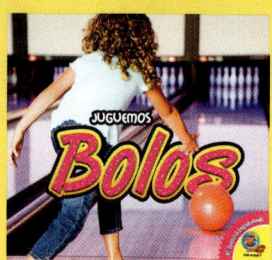
Spanish

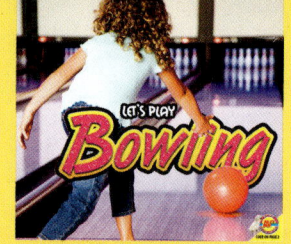
English

Navegación bilingüe AV²
AV² Bilingual Navigation

 **CERRAR** CLOSE

 **INICIO** HOME

 **OPCIÓN DE IDIOMA** LANGUAGE TOGGLE

 **CAMBIAR LA PÁGINA** PAGE TURNING

 **VISTA PRELIMINAR** PAGE PREVIEW

Copyright ©2015 AV² de Weigl. Library of Congress Cataloging-in-Publication Data se encuentra en la página 24.
Copyright ©2015 AV² by Weigl. Library of Congress Cataloging-in-Publication Data is located on page 24.

Juguemos Bolos

CONTENIDO

- 2 Código de libro AV^2
- 4 ¿Qué son los bolos?
- 6 Lo que debo ponerme
- 8 Lo que necesito
- 10 Dónde juego
- 12 Calentamiento
- 14 Jugando bolos
- 16 Ganando el juego
- 18 Jugar en equipo
- 20 Me encanta jugar bolos
- 22 Datos sobre los bolos
- 24 Palabras clave

Me encanta jugar bolos. Hoy voy a jugar bolos.

Datos sobre los bolos

Las personas han jugado a los bolos por miles de años.

Me visto para ir a jugar bolos. Uso pantalones y una camiseta con cuello.

Calzado elegante

Los jugadores de bolos deben utilizar zapatos especiales para bolos.

Tengo mi propia bola para jugar. La bola tiene tres agujeros para insertar mis dedos.

Levantar peso

Las bolas vienen en diferentes tamaños.

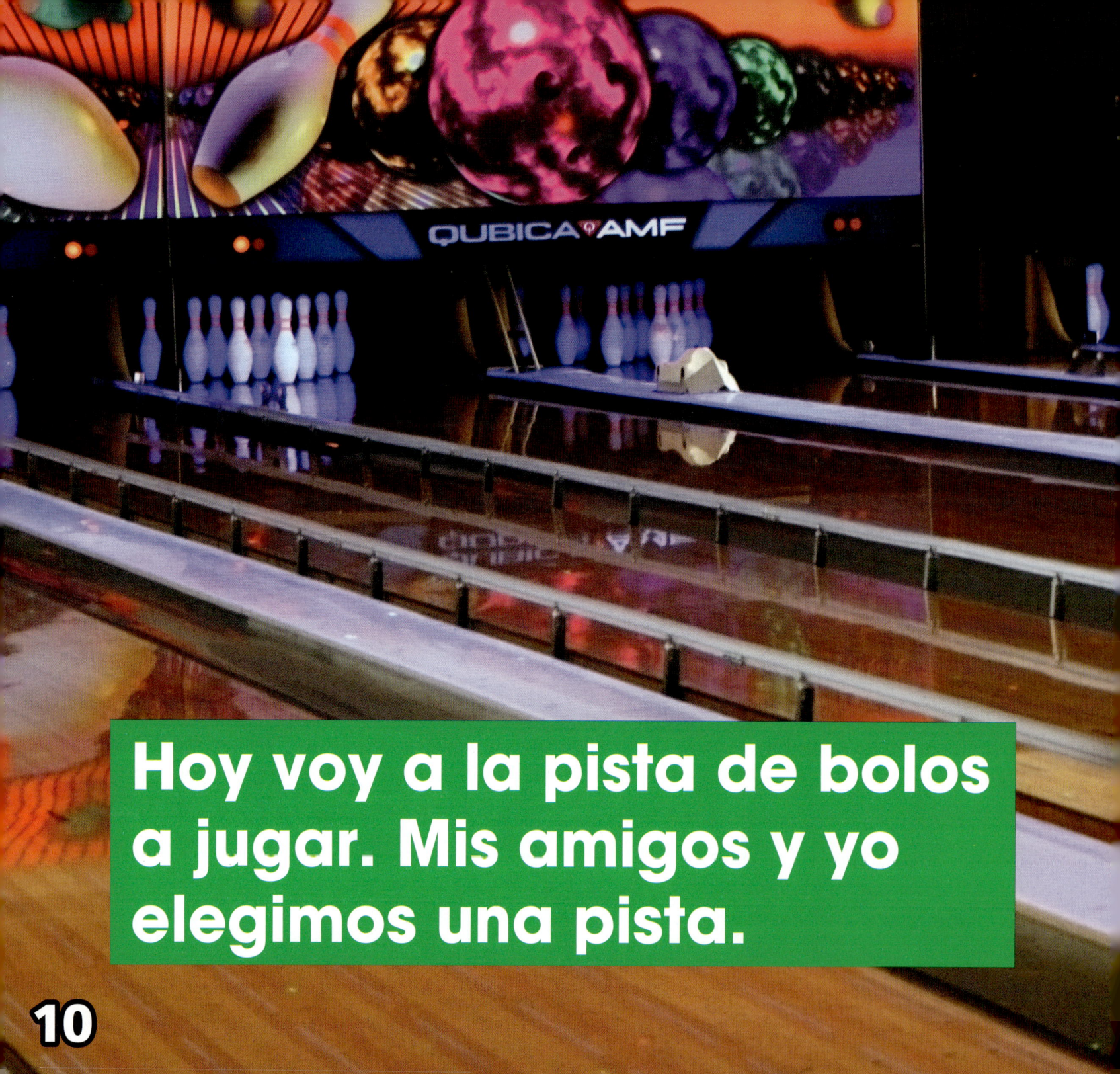

Hoy voy a la pista de bolos a jugar. Mis amigos y yo elegimos una pista.

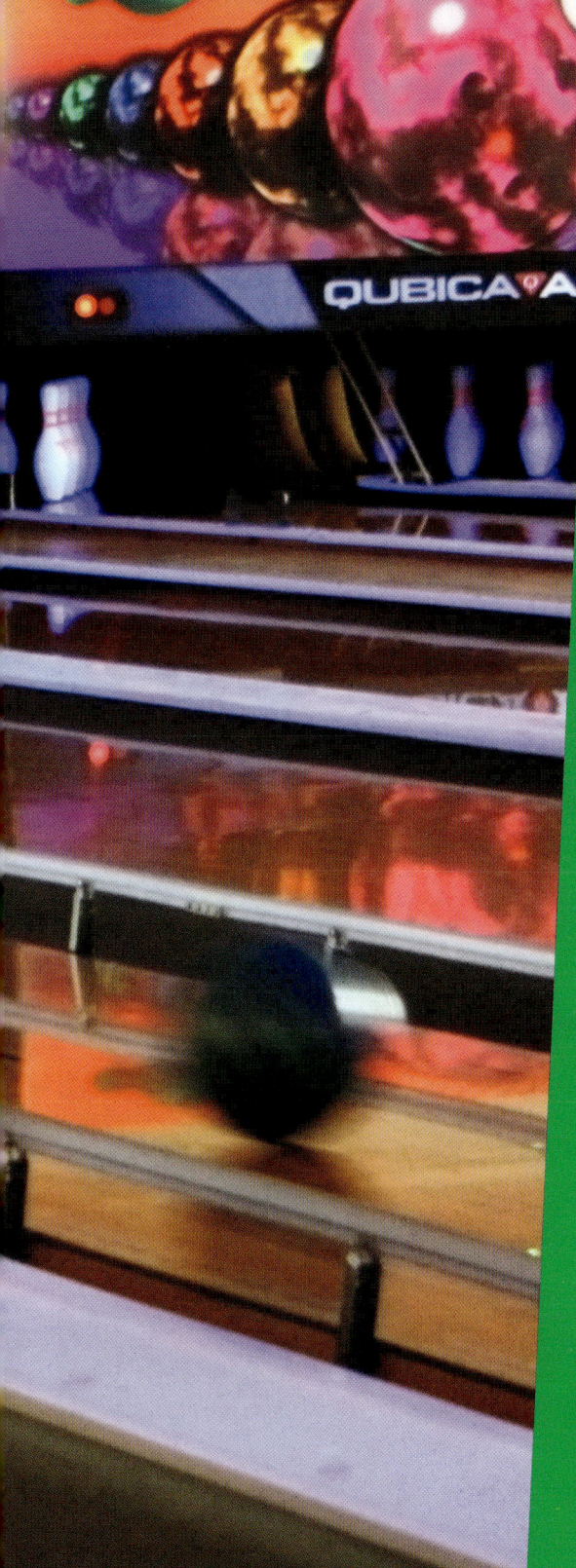

Iluminación

Las pistas de bolos a veces brillan en la oscuridad.

Realizo ejercicios de calentamiento antes de jugar. Estiro mis brazos y piernas.

Estiramientos

El calentamiento debería tomar solamente 10 minutos.

Hago rodar la bola por la pista hacia los pines. Intento derribar todos los pines.

Como un profesional

Derribar todos los pines de una vez se denomina "strike".

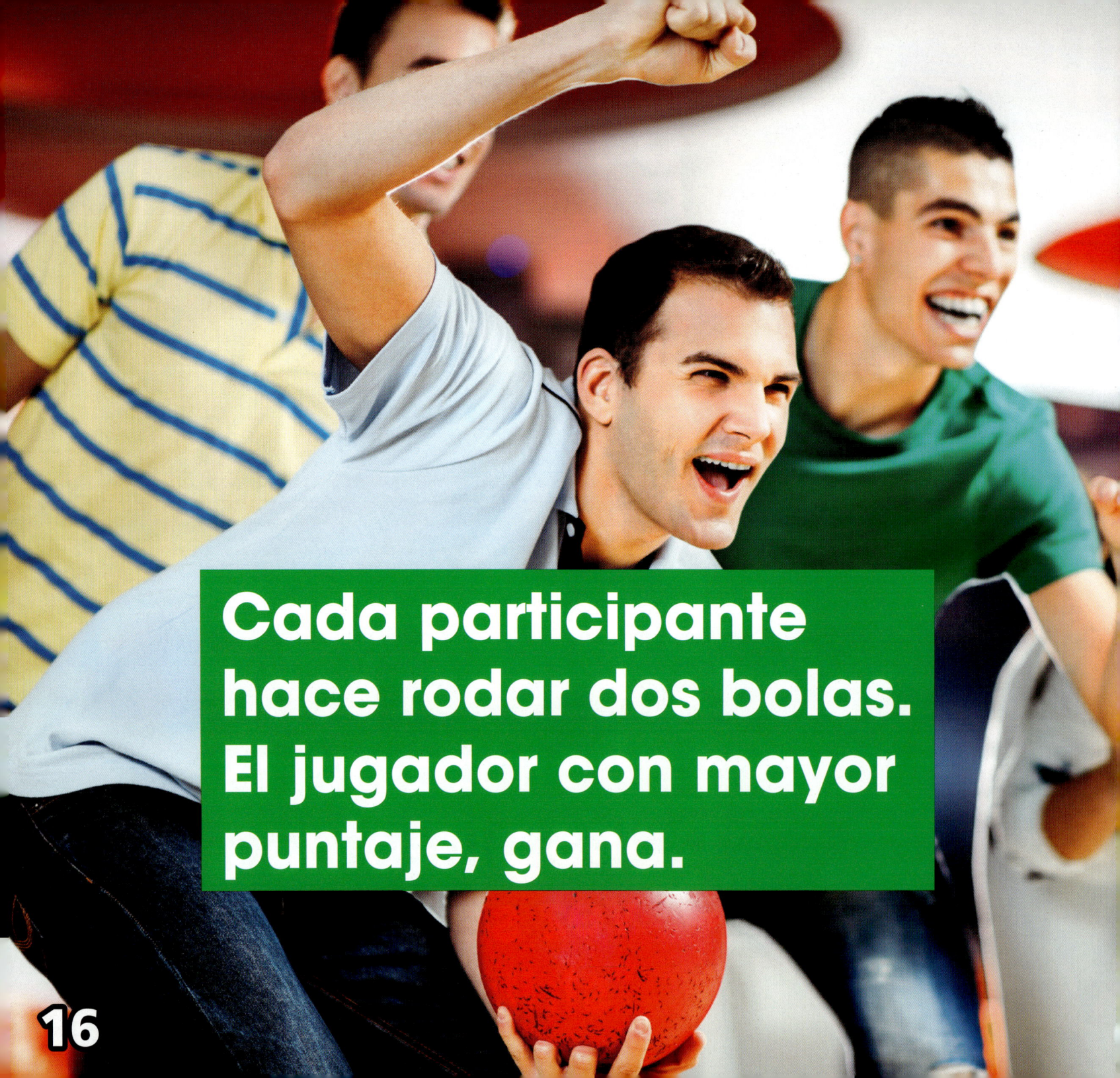

Cada participante hace rodar dos bolas. El jugador con mayor puntaje, gana.

Puntaje

El mayor puntaje en los bolos es 300.

Colores de los equipos

Los equipos de bolos tienen las mismas camisetas.

19

Me encanta jugar bolos.

DATOS SOBRE LOS BOLOS

Estas páginas proporcionan más detalles acerca de los datos interesantes que se encuentran en el libro. Están destinadas a ser utilizadas por los adultos como soporte de aprendizaje para ayudar a los jóvenes lectores a completar su conocimiento de cada deporte de la serie *Juguemos*.

Páginas 4–5

¿Qué son los bolos? Los registros que se encuentran en las antiguas tumbas egipcias muestran que las personas han jugado juegos similares a los bolos por cerca de 5.000 años. Los bolos implican rodar una bola hacia un grupo de pines en un intento por derribarlos. El objetivo del juego es derribar la mayoría de los pines con el menor número de bolas. Hay diferentes tipos de bolos. En las boleras de 10 pistas, la gente utiliza una bola grande para tirar 10 pines, mientras que los bolos de cinco pines utilizan una bola pequeña y sólo cinco.

Páginas 6–7

Lo que debo ponerme La mayoría de los jugadores de bolos usan pantalones largos y camisetas con cuello. Los pantalones por lo general tienen un ajuste un poco holgado para permitir una mejor circulación. Las camisetas más comúnmente usadas en los bolos tienen cuello, a veces llamadas camisetas de golf, o camisas abotonadas con cuello, de manga corta. Los zapatos de bolos tienen suelas lisas y planas. Tienen una mezcla de cuero y suela de goma que permiten que el zapato se deslice un poco sin resbalarse. Los jugadores profesionales suelen llevar un zapato que se fabrica para la adherencia al suelo y otro que se desliza fácilmente.

Páginas 8–9

Lo que necesito Las bolas vienen en una variedad de tamaños. En bolos de cinco pines y de pines de vela, la bola es lo suficientemente pequeña como para sostener en la palma de una mano. En los bolos de 10 pines, las bolas son mucho más grandes y más pesadas. Una bola de 10 pines normalmente tiene un número que indica su tamaño y peso. Los números más altos marcan las bolas más pesadas. Las bolas de bolos utilizadas en 10 bolos tienen tres orificios que están dispuestos en un triángulo. Estos agujeros son para el pulgar y los dedos del jugador de bolos.

Páginas 10–11

Dónde juego Las boleras tienen varias pistas. Cada una tiene dos bancos, una tabla de puntuación, un marcador y un estante para las bolas de boliche. La pista para las 60 pies (18,3 metros) de largo y 3,5 pies (1 m) de ancho. A cada lado de la pista hay una cuneta y los pasadores están dispuestos en el extremo de la pista, que está hecha de madera pulida y lisa. Hay una línea que atraviesa la pista de bolos llamada línea de tiros libres. Si un jugador cruza la línea de tiros libres, pierde un tiro sin anotar ningún punto.

Páginas 12–13

Calentamiento Los bolos pueden no ser tan exigentes físicamente como deportes como el hockey o el fútbol, pero aun así es importante hacer un buen calentamiento antes de comenzar un juego. Un buen calentamiento relaja los músculos y reduce la posibilidad de lesiones. Antes de jugar, es importante estirar los brazos, los hombros, la espalda, las piernas y la ingle. Estos son los músculos que ejercitarás más mientras juegas. Un calentamiento debe incluir tanto el estiramiento como la actividad ligera para que la sangre fluya.

Páginas 14–15

Jugando bolos Un juego se compone de 10 cuadros, lo que significa que cada jugador de bolos intenta derribar todos los pines 10 veces. Las reglas son diferentes para cada tipo de bolos. Sin embargo, en bolos de 10 pines, que es la versión más popular de bolos, los jugadores tienen dos tiros por cada cuadro. Ellos anotan un punto por cada pin que derriban. Si derriban todos los pines en una sola toma, se llama *strike* (o chuza). Si botan todos los pines en dos tiros, se llama *spare* (o semipleno).

Páginas 16–17

Ganando el juego Los *strikes* y *spares* ayudan a los jugadores a lograr altos puntajes. Un *strike* cuenta como 10 puntos más el número de puntos obtenidos en las próximas dos bolas que tira el jugador de bolos. Esto significa que es posible anotar 30 puntos en un solo cuadro. Un *spare* recibe puntos extras de una bola adicional. Si un jugador lanza un *strike* en cada tiro, se dice que ha hecho un juego perfecto. La puntuación de un juego perfecto en los bolos es 300 por 10 pines y 450 para cinco pines.

Páginas 18–19

Juego en equipo Muchas personas juegan a los bolos en ligas. La mayoría de las ligas cuentan con equipos que tienen de entre dos y cinco jugadores. Todos los jugadores de un equipo juegan en su turno. Las calificaciones de todos los jugadores de un equipo se suman para determinar el resultado del equipo. El equipo con la puntuación más alta, gana. Sin embargo, algunas ligas tienen un sistema de handicap que suma o resta puntos para un equipo para hacer más justo el juego. Esto se hace cuando los equipos de los diferentes niveles de habilidad juegan unos contra otros.

Páginas 20–21

Me encanta jugar bolos Los bolos ayudan a las personas a mantenerse activas y saludables. A pesar de que los bolos dependen más en la habilidad de la fuerza o la velocidad, todavía es una buena forma de ejercicio. Los bolos promueven la aptitud física y la coordinación mano-ojo. Sin embargo, la actividad física por sí sola no es suficiente para mantenerse saludable. También es importante comer alimentos saludables. Estos alimentos, tales como las frutas, verduras y granos, dan al cuerpo la energía que usted necesitas para jugar mejor.

¡Visita www.av2books.com para disfrutar de tu libro interactivo de inglés y español!

Check out www.av2books.com for your interactive English and Spanish ebook!

1 Entra en www.av2books.com
Go to www.av2books.com

2 Ingresa tu código
Enter book code

E950137

3 ¡Alimenta tu imaginación en línea!
Fuel your imagination online!

www.av2books.com

Published by AV² by Weigl
350 5th Avenue, 59th Floor New York, NY 10118
Website: www.av2books.com   www.weigl.com

Copyright ©2015 AV² by Weigl
All rights reserved. No part of this publication may be reproduced, stored in a retrieval system, or transmitted in any form or by any means, electronic, mechanical, photocopying, recording, or otherwise, without the prior written permission of Weigl Publishers Inc.

Library of Congress Control Number: 2014933105

ISBN 978-1-4896-2144-3 (hardcover)
ISBN 978-1-4896-2145-0 (single-user eBook)
ISBN 978-1-4896-2146-7 (multi-user eBook)

Printed in the United States of America in North Mankato, Minnesota
1 2 3 4 5 6 7 8 9 0 18 17 16 15 14

032014
WEP280314

Project Coordinator: Jared Siemens
Spanish Editor: Translation Cloud LLC
Designer: Mandy Christiansen

Every reasonable effort has been made to trace ownership and to obtain permission to reprint copyright material. The publishers would be pleased to have any errors or omissions brought to their attention so that they may be corrected in subsequent printings.

Weigl acknowledges Getty Images, iStockphoto, Alamy, and Dreamstime as the primary image suppliers for this title.